DES DROITS

DU CONJOINT SURVIVANT

DANS LA SUCCESSION DE L'ÉPOUX PRÉDÉCÉDÉ,

D'APRÈS LE DROIT NATUREL, LE DROIT ROMAIN, LE DROIT COUTUMIER,
LES LÉGISLATIONS DE L'EUROPE MODERNE, LE CODE NAPOLÉON
ET QUELQUES LOIS FRANÇAISES POSTÉRIEURES A SA PROMULGATION,
DES MODIFICATIONS QU'IL POURRAIT CONVENIR D'APPORTER,
EN CETTE MATIÈRE,
DANS LES DISPOSITIONS DU CODE NAPOLÉON.

PAR

M. LE SÉNÉCAL,

SUBSTITUT DU PROCUREUR GÉNÉRAL A RIOM.

Extrait de la REVUE CRITIQUE DE LÉGISLATION ET DE JURISPRUDENCE,
tome XXXII, livraison d'avril 1868.

PARIS

COTILLON, ÉDITEUR, LIBRAIRE DU CONSEIL D'ÉTAT,
24, rue Soufflot, 24.

1868

DES DROITS

DU CONJOINT SURVIVANT

DANS LA SUCCESSION DE L'ÉPOUX PRÉDÉCÉDÉ,

D'APRÈS LE DROIT NATUREL, LE DROIT ROMAIN, LE DROIT COUTUMIER,
LES LÉGISLATIONS DE L'EUROPE MODERNE, LE CODE NAPOLÉON
ET QUELQUES LOIS FRANÇAISES POSTÉRIEURES A SA PROMULGATION.
DES MODIFICATIONS QU'IL POURRAIT CONVENIR D'APPORTER,
EN CETTE MATIÈRE,
DANS LES DISPOSITIONS DU CODE NAPOLÉON.

PAR

M. LE SÉNÉCAL,

SUBSTITUT DU PROCUREUR GÉNÉRAL A RIOM.

Extrait de la REVUE CRITIQUE DE LÉGISLATION ET DE JURISPRUDENCE,
tome XXXII, livraison d'avril 1868.

PARIS

COTILLON, ÉDITEUR, LIBRAIRE DU CONSEIL D'ÉTAT,

24, rue Soufflot, 24.

1868

Paris. — Imprimé par E. Thunot et Cᵉ, 26, rue Racine.

DES DROITS

DU CONJOINT SURVIVANT

DANS LA SUCCESSION DE L'ÉPOUX PRÉDÉCÉDÉ.

I.

Se survivre à lui-même est, chez l'homme, une aspiration innée et sans doute l'une des manifestations les plus frappantes de l'immortalité de l'âme.

Elle se révèle par le besoin de laisser après soi des souvenirs honorables, et des descendants qui, avec votre nom, perpétueront vos idées, vos principes et dont, souvent les traits, même, rappelleront les vôtres.

On la retrouve, à un degré non moins saisissant, dans le désir d'acquérir pour transmettre à ceux qu'on aime ;...., et peut-être est-ce là le plus puissant argument à opposer à cette trop nombreuse secte d'économistes qui prétendent que la propriété n'est qu'un vain mot, et se réduit, en fait, à la possession. — En quoi consiste, en effet, disent-ils, le droit de propriété envisagé au point de vue naturel, sinon dans la faculté que l'homme a de s'approprier et de conserver exclusivement la chose qu'il détient, d'en tirer tout le parti, tout l'avantage qu'il en peut tirer, d'en jouir comme il veut et autant qu'il peut, de l'anéantir même si elle est destructible, de la donner, de l'échanger..... Le fruit que je viens de cueillir, le gibier que j'ai tué, la pierre précieuse que j'ai trouvée, j'en suis propriétaire dans le sens usuel du mot, parce que j'en peux faire ce qui me plaira, autrement dit, en jouir autant et de telle manière que la nature de ces objets et celle de mes organes me permettront d'en jouir..... Mais avec la mort finissent pour l'homme sa jouissance et sa possession. Il n'emporte pas au delà du tombeau ses palais, ses champs, ses trésors.....

Tel est le système de ces philosophes parmi lesquels figurent, au premier rang, Mably, Rousseau et Montesquieu lui-même.

Conséquents avec leur principe, ils n'hésitent pas à proclamer que de tous les modes de transmission à titre gratuit, la donation entre-vifs est le seul qui dérive du droit naturel. — Pour eux, le testament et la succession qui n'est que le testament *présumé* du citoyen, sont une création, une invention du pouvoir social..... Ils limitent à la durée de l'existence de l'homme son droit sur la chose, et leur pensée pourrait se traduire par cet adage que le droit ancien appliquait à la succession des serfs : « *Mors omnia solvit.* » Nous sommes les esclaves de la mort ; lorsqu'elle étend sur nous la main, avec notre frêle enveloppe, elle brise tous les liens qui nous rattachaient à la terre...... Réalisme brutal et désolant qui, après Rousseau, méritait d'avoir pour interprète Robespierre, ce terrible metteur en œuvre des doctrines philosophiques du dix-huitième siècle, lorsqu'à la tribune de l'assemblée constituante, combattant le droit de tester, il se demandait « comment « l'homme pourrait disposer de cette terre, lorsqu'il est lui-« même réduit en poussière. »

Sans nous arrêter à ce sophisme qu'il serait facile de réfuter par cette seule observation que le testament est l'œuvre de la volonté des vivants et non de celle des morts, examinons rapidement quelle est la valeur de la théorie que nous venons d'exposer.

Remarquons, d'abord, que la définition donnée par les adversaires du droit de propriété à la possession considérée au point de vue naturel, n'est autre, en réalité, que celle de la propriété, telle que nous l'entendons ; c'est le *jus utendi et abutendi,* à cette différence près qu'ils le restreignent, quant à sa durée, à l'existence de l'homme.

Oserons-nous, sur ce dernier point, dire que leur raisonnement est faux lorsqu'ils affirment qu'avec l'homme finit sa possession? — Non, sans doute, car il n'est que trop vrai que créature éphémère, l'homme n'est ici-bas qu'un usufruitier des biens matériels ; mais ce que nous nions formellement, comme une injure faite à l'humanité, c'est que l'homme de la nature soit ce qu'ils l'ont voulu faire : n'ayant pour mobile et pour but que son intérêt et sa jouissance personnels, n'aimant exclusivement que lui, ne vivant que pour lui, ne songeant qu'à lui.

.— Leur type, l'homme dont tous les instincts convergent « *au moi haïssable* » est, heureusement, une rare exception...... Ce n'est pas d'une démontration qu'il s'agit ici, mais d'une simple constatation de fait, d'un appel à la voix intime de la conscience !... Nous n'hésitons pas à affirmer, à l'encontre de la doctrine que nous combattons, que lorsqu'il cherche à s'enrichir, l'homme pense moins à lui-même qu'à ceux qui l'entourent. — N'eût-il pas de famille, il s'en créerait une par l'affection. — Il a besoin d'aimer, peut-être encore plus que d'être aimé; disons le mot, il a besoin de se dévouer..... S'il en était autrement, comment expliquerait-on le courage patient du prolétaire qui, pour élever sa famille et assurer son avenir, travaille le jour et la nuit, s'impose les plus dures privations, et ne craint pas même de sacrifier sa vie par l'excès du labeur?

Cet exemple, pris au hasard entre tant d'autres qu'on pourrait citer, nous fournit dans la théorie même des adversaires de la propriété et du droit de tester, le moyen de la combattre :

Si, dans l'état de nature, le possesseur d'une chose, suivant le sens qu'ils donnent à la possession, a, de son vivant, le droit qu'ils lui reconnaissent de transmettre gratuitement la possession de cette chose à un autre individu, il a, évidemment aussi, le droit de faire de ce dernier son copossesseur au même titre.

Or, n'est-il pas évident que cet homme dont nous avons parlé, ce prolétaire qui se dévoue avec tant d'abnégation au bien de sa famille, lui a, au fur et à mesure qu'il a acquis une possession nouvelle, transmis, par l'effet d'une donation tacite, la communauté avec lui-même des choses par lui possédées?

Ayant donc, de son vivant, possédé ce qu'il possédait, les élus de son cœur auront, d'après la loi naturelle, le droit de posséder après lui et de transmettre à leur tour.

C'est la succession, et sans donner à ces prolégomènes des développements que ne comporte pas le sujet principal de cette étude, nous pouvons conclure que le testament et l'hérédité sont de droit naturel.

Qu'est-il, d'ailleurs, besoin de démonstrations plus ou moins subtiles, trop souvent fondées sur une définition inexacte, sur une équivoque de langage, quand la conscience et le bon sens de tous et de chacun, le *consensus omnium*, ont fait entendre leur voix?

Si le droit de travailler au bonheur de mon fils, de lui transmettre après moi des biens péniblement amassés, n'est pas de droit naturel, mon amour pour mes enfants n'est donc pas une inspiration instinctive de mon cœur?... L'union des sexes qui crée la famille... la famille et la société elle-même dont elle est, à la fois, l'élément et le type, ne sont donc que des inventions de l'esprit humain?

II.

La famille est la base de la *société*, disait, il y a peu de temps encore, un éminent magistrat dans un discours qu'il prononçait devant l'une des cours impériales de l'Empire[1].

Oui, *la famille est la base de la société*, car c'est dans son sein que l'homme, au sortir du berceau, puise la vie morale, c'est-à-dire les principes, les enseignements, et, s'il était permis de s'exprimer ainsi, ces habitudes du premier âge, ces impressions profondes et vivaces qui resteront gravées dans son âme à l'état instinctif, et serviront, plus tard, de règle à sa conduite.

Elle est la base de la société, parce qu'elle est elle-même la société à son état primordial; parce que c'est au foyer domestique que germent dans l'âme de l'enfant les premiers sentiments qui, dans l'âge viril, feront de lui un citoyen : en respectant son père et sa mère, il apprend à respecter le principe de l'autorité; en résistant aux empiétements, aux caprices de ses frères, ses égaux, il conçoit la notion du juste et de l'injuste, et, par une association d'idées toute naturelle, il se rend compte que s'il a des droits, il a aussi des devoirs à remplir : « *Alteri ne feceris quod tibi fieri nolis.* » Qu'il voie quelqu'un de sa famille menacé d'un danger; que s'oubliant lui-même et cédant aux élans d'une nature généreuse, il vole à son secours et s'expose au péril pour le protéger, le dévouement aura pris place en son cœur...., le dévouement, de tous les sentiments le plus noble et le plus fécond, celui qui, dans

[1] M. Olivier alors procureur général à Limoges. (Discours de la rentrée de novembre 1866.)

nos hôpitaux, veille au chevet des victimes de la contagion, qui donne au soldat le courage de mourir, et qui, sous le nom de charité, a régénéré le monde.

La famille est, en même temps que la base de la société, l'organe le plus sûr de son perfectionnement moral; car s'il est vrai que les parents transmettent à leurs enfants, dans une certaine mesure, les qualités et les défauts de leur constitution physique, il n'est pas moins certain que, sauf exception, les vices ou les vertus se transmettent de génération en génération. L'histoire en fournirait plus d'une preuve, s'il était nécessaire de démontrer une vérité tellement reconnue qu'elle est devenue proverbiale.

N'insistons pas davantage sur ces considérations qui nous feraient perdre de vue l'objet réel de cette étude. Notre pensée, pour la résumer, est que la famille est l'école de l'homme social, du citoyen; que plus elle sera parfaite, plus la génération qu'elle aura produite pourra contribuer à la prospérité du pays.

C'est assez dire que tout perfectionnement qui peut être apporté à sa réglementation se recommande par là même à toute la sollicitude du législateur.

III.

Au point de vue de ses intérêts matériels et du droit plus ou moins étendu que peut avoir chacun de ses membres aux choses qu'elle possède, la famille nous offre le tableau d'une société civile..... En nous exprimant ainsi, nous n'entendons pas parler de la famille romaine dans laquelle la personnalité du chef, du *paterfamilias*, absorbait toutes les autres; où maître absolu, disons plutôt propriétaire de tout et de tous, il exerçait sur ceux que la loi mettait en son pouvoir, *in manu*, une autorité tellement despotique et cruelle qu'à certaine époque de triste mémoire, non-seulement ils ne pouvaient personnellement rien posséder, mais qu'il avait lui-même le droit de les vendre et de leur donner la mort..... Quand nous disons que la famille nous offre dans sa vie intime, dans son organisation domestique, le tableau d'une société civile, nous parlons de la famille telle qu'elle existe dans l'état de notre civilisation et de nos mœurs et telle que Dieu l'a faite : unie

par les liens d'affection qu'une communauté d'origine, d'intérêts et d'honneur met au cœur de l'homme, et gouvernée par
l'autorité ferme, mais en même temps bienveillante, d'un chef
à la fois aimé et respecté.

Qu'est-ce donc, en effet, que le mariage, sinon un véritable
contrat de société civile? Chacun des époux ne fournit-il pas
son apport : ses richesses, s'il en a, et en tout cas, son travail,
son dévouement, toutes les facultés actives de son corps et de
son âme, ses forces, quelles qu'elles soient, physiques ou mo-
rales? Quant à l'avantage en vue duquel l'association conjugale
est contractée, « *le bénéfice à partager,* » la définition même
du mariage nous l'indique suffisamment : « Societas maris et
« feminæ ad generationem prolis et mutuum vitæ adjutorium
« ineunda..... ». « La société de l'homme et de la femme qui
« s'unissent pour perpétuer leur espèce, pour s'aider par des
« secours mutuels à porter le poids de la vie et pour partager
« leur commune destinée[1]. » La femme trouvera dans son
mari le protecteur et l'ami dont sa faiblesse a besoin. En
échange, elle lui donnera, par sa tendresse et ses soins, l'appui moral qui soutient l'homme dans ses labeurs et les luttes
de la vie. Tous deux, enfin, se complétant l'un l'autre, goûte-
ront en commun cet ineffable besoin de la nature humaine de
se sentir renaître dans leur postérité.

La société des époux s'augmente et se complète : ..... Un
enfant leur est né...! Il n'a rien apporté que son sourire et ses
caresses, mais c'est assez pour le père et la mère. Ce sourire et
ces caresses, ils ne sauraient les payer trop cher...., leur enfant, c'est leur sang, leur vie, la continuation de leur être et,
suivant l'expression du poëte, il représente pour eux la moitié
de leur âme, « *partem animæ dimidiam*[2]. »

A peine est-il au monde, que dans leur cœur, tout ce qu'ils
possèdent est à lui, et son droit, émanation directe du vœu de
la nature, ne pourra désormais être restreint que par la naissance d'autres enfants qui, en prenant dans les affections de
ses parents une place égale à la sienne, obtiendront, par là-
même, un droit égal à leurs biens.

---

[1] Portalis, exposé des motifs de la loi relative au mariage, n° 2. (Séance
du 16 ventôse an XI.)

[2] *Horace,* ode 3e.

Ce premier apport qu'il tient de la libéralité instinctive et spontanée de ses auteurs, l'enfant le complètera plus tard en augmentant par son travail l'actif de la famille....., en prodiguant à la vieillesse de son père et de sa mère les soins dont ils auront eux-mêmes entouré son berceau.

Le mari, la femme, l'enfant, et la famille est déjà constituée dans sa source.— C'est même aux rapports réciproques que le fait de la génération a établis entre les conjoints, d'une part, et leur descendance immédiate de l'autre, que nous appliquons dans toute sa force cette pensée que la famille est une société civile. « La nature, disait le conseiller d'État Treilhard, a établi « entre eux, en quelque manière, une communauté de biens, et « leur succession n'est, pour ainsi dire, qu'une possession « continuée [1]. »

Nous ne reviendrons pas sur les développements que nous avons donnés à cette idée. — Constatons seulement qu'elle trouve sa consécration dans plusieurs dispositions de nos lois. Qu'est-ce, en effet, que la réserve légale, sinon la conséquence d'un droit de copropriété implicitement reconnu par le législateur?

Ce droit, bien que restreint quant à son étendue, quoique subordonné, quant à son exercice, à la réalisation éventuelle de certaines conditions, n'en existe pas moins dans son essence et son principe.

Vainement dirait-on que la dévolution des biens d'une personne décédée ayant pour base ses affections, on ne peut supposer au *de cujus* une si profonde aberration de sentiments qu'il ait voulu complétement priver ses descendants ou, s'il n'en a pas, son père et sa mère, des biens qu'il devait laisser en mourant.... Ce n'est là qu'une fiction qui ne saurait prévaloir contre la réalité des faits.

Prenons un exemple : un père a un fils dont l'existence n'a été qu'une suite continue de débauches, de crimes et d'opprobres, mais qui, cependant, ne se trouve dans aucun des cas d'indignité prévus par la loi. Ce père sait par la triste expérience du passé, que ce qu'il lui laisserait ne servirait pas même à améliorer son sort, et serait en peu de temps dévoré

[1] Exposé des motifs de la loi relative aux successions. (Séance du 19 germinal an XI.)

dans de nouvelles débauches. Faisant ce que la loi n'a pas fait, il déclare son fils indigne de lui succéder : il le déshérite au profit de ses autres enfants. La volonté du testateur n'est pas ici douteuse. Elle n'est le résultat ni d'un égarement du cœur, ni d'un égarement de l'esprit, et cependant le testament est *inofficieux*. Il n'atteindra qu'imparfaitement son but. Le fils déshérité, héritera quand même; seulement son droit sera réduit à la réserve légale;... mais ce droit, si restreint qu'il puisse être, quelle en est la nature...? Nous ne pouvons, évidemment, dans notre hypothèse, le rattacher à une libéralité supposée du défunt. De quel principe dérive-t-il donc, si ce n'est d'une communauté de biens existant entre les parents et leur enfant...?

Objectera-t-on que si la réserve légale ne correspond pas à l'idée d'une libéralité, d'une donation supposée, elle représente une dette de la nature...? Sur ce terrain que nous acceptons, la réponse serait facile : nos biens sont le gage de nos créanciers; ils ne nous appartiennent, par suite, que déduction faite de la dette qui les grève. Nos créanciers sont donc nos copropriétaires dans la proportion de la somme qu'ils peuvent nous réclamer. A ce point de vue, que nous ne présentons, du reste, que comme une abstraction, l'héritier à réserve serait encore, ainsi que nous le prétendons, le copropriétaire du *de cujus*.

Nous avons prononcé plus haut les mots d'indignité légale; nous nous demandons si des dispositions de l'article 727 du Code Napoléon on ne pourrait pas tirer un argument contre notre théorie, et nous opposer que si la succession ou du moins la réserve, émanait réellement d'un droit de propriété existant antérieurement au décès du *de cujus*, l'héritier n'en pourrait être dépouillé, pour cause d'indignité, pas plus que, pour la même cause, il n'est dépouillé des biens qui lui sont provenus d'une autre source. Nous ne le croyons pas : La déchéance infligée à l'indigne est une peine que le législateur lui inflige en le frappant dans sa fortune, de même que dans l'article 792 du Code Napoléon, il punit l'héritier qui a diverti ou recélé des effets de la succession... de même, enfin, que pour le châtier d'un crime ou d'un délit, la législation pénale applique au coupable la confiscation ou l'amende.

Nous allons plus loin : L'article 727 nous paraît venir à l'appui de notre système. Le législateur nous semble dire à l'héritier indigne : « Tu faisais partie de l'association de la famille. A ce titre tu avais des droits, mais ces droits correspondaient à des devoirs que tu as trahis. Tu as forfait au « pacte social. Il est résolu pour toi. Tu seras traité comme « s'il n'eût jamais existé à ton égard. »

Les dispositions de la loi relative à la réserve légale supposent donc, pour nous résumer sur ce point, la reconnaissance implicite d'une communauté de biens entre les parents et leurs enfants.

Nous trouvons dans l'article 380 du Code pénal une application non moins saisissante et plus étendue du même principe: la soustraction frauduleuse entre les époux, les ascendants, leurs descendants et les alliés au même degré n'est pas punissable. Sans rechercher les autres considérations qui ont présidé à la rédaction de cet article, n'est-il pas évident que le législateur a été inspiré par cette pensée que dans le cercle de la famille, la propriété reste plus ou moins commune entre les membres qui la composent, et que la propriété de l'un n'est pas tellement personnelle et exclusive qu'à l'égard de l'autre elle soit *la chose d'autrui !*

Sans insister sur ces considérations auxquelles nous n'attachons qu'une importance purement théorique, très-secondaire, constatons que la vocation de l'héritier, qu'on le prenne comme un *sociétaire* ou comme un *légataire*, a pour base, dans l'un et l'autre cas, l'affection supposée du *de cujus*.

C'est donc dans l'analyse psychologique des sentiments humains qu'il faut rechercher le principe de la loi des successions, sauf à le concilier dans son application avec les nécessités sociales.

IV.

Le mari, la femme, l'enfant....., et la famille est, avons-nous dit, déjà constituée dans sa source.

Elle s'étendra par la naissance d'autres enfants et de générations successives qui, dans leurs rapports respectifs et les combinaisons variées qu'elles pourront présenter, créeront les degrés divers de la parenté ; mais, réduite aux trois termes que nous venons d'indiquer, elle existe déjà, nous le répétons, dans sa source la plus pure, et c'est à cette source

même qu'il faut l'étudier si l'on veut saisir, en quelque sorte
sur le fait, les vrais sentiments de la nature.

A Dieu ne plaise que nous entendions soutenir qu'en dehors
de son père, de sa mère, de ses enfants et de son conjoint,
l'homme ne sent plus vibrer en lui la voix du sang,..... que
les liens de la famille sont tellement relâchés qu'il échappe
entièrement à leur étreinte !..... Non, sans doute, il n'en est
pas ainsi.

Nous aimons nos petits-fils à l'égal de nos propres enfants,
ou, pour mieux dire, nous aimons par-dessus tout notre descendance qui n'est autre chose que la continuation de notre
propre individualité, de *notre moi se perpétuant dans l'avenir,*
ainsi que nous l'avons exposé déjà.

Nous aimons nos frères, parce que le même sang coule
dans nos veines, que le même sein nous a nourris, et que les
mêmes intérêts de fortune et d'honneur nous réunissent
comme membres de la société de famille;..... mais qu'on ne
cherche pas à se le dissimuler, le lien n'est pas direct. Entre
le frère et le frère, le père et la mère sont le trait d'union de
leur affection mutuelle : vous aimez votre frère parce qu'il est,
comme vous-même, la représentation vivante de vos auteurs
communs, et la tendresse que vous avez pour lui ne lui par-
vient, en définitive, qu'en se réfléchissant, si nous pouvions
employer cette expression, sur la personne de ceux à qui vous
devez l'un et l'autre la vie.

Telle est, cependant, la force du lien qui vous rattache à
ces derniers, que vous associez à votre amour pour eux ceux
qu'ils chérissent autant qu'eux-mêmes et que vous, c'est-à-dire
leurs autres enfants et descendants, vos frères et vos neveux.

Que Dieu nous prive du bonheur de revivre dans notre postérité ou qu'il nous le retire après nous l'avoir donné,..... re-
foulé dans ses penchants les plus chers, notre cœur se reporte
sur les parents qui nous ont donné l'existence ainsi que sur
nos collatéraux les plus rapprochés.... Du bassin qui l'a produite,
l'onde s'écoule en suivant la pente naturelle du lit qui la contient..... Elle n'y reviendra plus à moins qu'un obstacle anormal, imprévu, ne l'arrête en sa marche;.... mais l'obstacle
a-t-il surgi, alors le torrent reflue vers sa source et se répand
en même temps, dans les fleuves, ses frères, auxquels elle a,
comme à lui, donné naissance.

C'est dans cet ordre d'idées que notre législation a trouvé la classification des préférences légitimes et instinctives de l'homme, en y réservant, toutefois, une part plus ou moins restreinte à l'enfant issu d'unions réprouvées par la morale :

Nos descendants d'abord ;

A défaut, notre père, notre mère, nos frères, nos sœurs et les représentants de ceux-ci.

Viendront ensuite, si nous n'avons ni frères, ni sœurs, ni neveux, ni nièces, ni arrière-neveux,..... et si notre père ou notre mère ne sont plus, les parents dont ces derniers étaient issus et qu'ils représentaient, c'est-à-dire nos ascendants plus éloignés.

Enfin, en l'absence de tous autres membres de la famille (des descendants, des ascendants, des frères et sœurs ou de la postérité de ces derniers), les collatéraux de notre père, de notre mère, de nos autres ancêtres, prendront dans notre cœur la place laissée vide par des êtres plus chers.

A ce point, la voix de la nature s'affaiblit et s'éteint. Les générations se compliquent. La parenté devient confuse. Il fallait poser des limites : le douzième degré sera le point extrême auquel s'arrêtera la succession légitime.

C'est laisser un assez vaste champ aux droits de la consanguinité, puisque notre arrière-petit-fils peut hériter encore de l'arrière-petit-fils de notre cousin issu de germain.

V.

Mais le père, la mère, les conjoints en un mot, source première de toute parenté, de toute famille, de toute affection naturelle, quitteront-ils donc la terre sans songer l'un à l'autre ? Ils s'étaient juré mutuellement une affection, un dévouement sans bornes. La femme avait quitté son foyer pour suivre son époux et lui rester fidèlement attachée dans le malheur aussi bien que dans la prospérité;..... pour devenir, enfin, « *la chair de sa chair, les os de ses os.* » — A la compagne de son choix, à celle qui lui consacrait sa vie, l'époux avait voué toute sa protection et sa tendresse.

Pendant de longues années, joies ou tristesses, opulence ou dénûment, tout entre eux a été commun à ce point que leurs deux êtres confondus n'en formaient plus, moralement, qu'un seul.

En frappant l'un d'eux, la mort va les séparer.

A cet instant fatal, toutes les forces affectives de notre âme se concentrent sur ceux que nous aimons : leur sort est notre préoccupation suprême..... C'est l'heure des volontés dernières. Le prémourant oubliera-t-il alors la moitié de lui-même qu'il va laisser isolée sur terre ?

Poser la question, c'est assez la résoudre : « *Malheur à ceux* « *qui auraient besoin de raisonnement et de discussion pour* « *reconnaître une vérité toute de sentiment !* [1] » Mais si la mort est trop tôt venue, si le *de cujus* n'a pas eu le temps de disposer de ses biens ; s'il a été négligent, imprévoyant, oublieux, sans doute la loi sur les successions,... « *qui est le testament* « *présumé de toute personne qui n'en a pas fait* [2] » suppléera à cette négligence, à cet oubli.

L'article 767 du Code Napoléon répond à la question : « *Lorsque le défunt ne laisse ni parents au degré successible ni* « *enfants naturels, les biens de sa succession appartiennent au* « *conjoint non divorcé qui lui survit.* »

Tous les successibles légitimes, quels qu'ils soient, jusqu'au douzième degré inclusivement, passeront avant lui : ainsi que nous l'avons déjà dit, l'arrière-petit-fils du cousin issu de germain du bisaïeul du *de cujus* sera préféré au conjoint de ce dernier.

Ce n'est pas tout : l'enfant, fruit d'unions éphémères réprouvées par la morale et la loi même, l'enfant naturel évincera l'époux. En présence de l'héritier légitime du douzième degré, il n'aurait encore eu qu'une portion de l'hérédité ; en face du conjoint auquel il ne peut rappeler que des souvenirs amers....; en face de l'époux, il aura tout, à moins, cependant, ce qui sera fort rare, qu'il n'ait été reconnu postérieurement à la célébration du mariage dissous.

Là ne s'arrêtent pas les préférences de la loi : à défaut de parents légitimes et d'enfants naturels, si le *de cujus* est lui-même un enfant naturel, ses biens passeront à ses père et mère, ou s'il n'en a pas, à ses frères et sœurs naturels

[1] Exposé des motifs de la loi relative aux successions.
[2] Même exposé.

(art. 765 et 766, C. Nap.) — Vainement, lors de la discussion au Conseil d'État, Bigot-Préameneu et, avec lui, quelques membres du conseil proposèrent-ils de donner à l'époux survivant l'avantage sur les collatéraux naturels;... leur motion fut repoussée [1].

Il était dit que celui qui, pendant la durée de la société de famille, y avait occupé une des premières places, qui avait été l'un de ses fondateurs et de ses chefs, l'un des principaux organes de sa prospérité, en serait, en quelque sorte exclu quand la mort l'aurait dissoute, puisqu'on ne lui donne le pas que sur le fisc représentant la masse de la nation.

Il était l'un des premiers dans les affections du défunt;... la loi le repousse au dernier rang. Peut-être avait-il été riche, honoré, respecté. En rompant les liens qui l'unissaient au *de cujus*, la mort peut, sans transition, le réduire à la misère, dans un âge où, souvent, il n'aura plus le courage et la force nécessaires pour se reconstituer un nouvel avenir.

C'est, surtout, à l'égard de la femme, moins énergique à lutter contre les coups du sort, que les dispositions de la loi peuvent avoir les plus déplorables effets. Elle porte encore le nom de celui qui n'est plus. Toute son existence se rattache aux souvenirs qu'il a laissés, « *vidua adhuc coruscat radiis « mariti ;* » mais la mémoire de son époux ne saurait la sauver du dénûment et des dédains qui, trop souvent, accompagnent la pauvreté.... Navrant spectacle que celui de cette malheureuse tout à coup déchue ! — Comme le disait l'avocat général Gueidan, dans une affaire jugée au parlement de Provence, le 17 juin 1737 : « *Si les bienséances sont choquées par « cette indigne dégradation, la justice ne l'est pas moins. « L'homme ne contracte-t-il pas, en se mariant, l'obligation de « pourvoir pour toujours à la subsistance de son épouse ? Si pen- « dant la vie, il lui eût refusé son entretien, tous les tribunaux « se seraient élevés pour l'y contraindre. Sa mort sera donc la « raison qui réduira cette femme à la misère !* »

Le mal, heureusement, ne sera pas toujours aussi complet, nous devons en convenir : si le conjoint survivant a des enfants ou autres descendants issus du défunt, il pourra leur demander une pension alimentaire. Hors ce cas, il n'aura rien,

---

[1] Locré, *Législation civile*, t. X, p. 95.

absolument rien à réclamer;... lacune regrettable et involon-
taire, ainsi que nous l'établirons plus loin, que les observa-
tions de Maleville au sein du Conseil d'État, lors de la rédaction de l'article 767, furent impuissantes à prévenir [1].

VI.

Plus humain était le droit de Rome, plus humain aussi était
le droit français.

Sous la loi des Douze Tables, alors que la puissance paternelle
s'exerçait dans toute sa force, la femme n'avait, il est vrai,
aucun droit, comme épouse, à la succession de son mari, mais
elle n'en était pas moins héritière parce que, comme le dit
Heineccius, « *per ritum confarreationis, coemptionis et usûs,*
« *in manum mariti conveniebat.* » Elle acquérait ainsi des
droits à la succession du *de cujus* « *tanquam filiafamilias et*
« *hæres sua.* » Gaïus l'énonce formellement : « *Uxor quoque*
« *quæ in manu est, in suo hæres est, quia filiæ loco est* [2]...,»
juste conséquence de la loi et qui en corrigeait la rigueur :
puisque, de même que le fils de famille, la femme *in manu*
n'acquérait rien pour elle-même, n'était-il pas équitable qu'à
la mort de son mari elle fût, du moins, traitée comme sa
fille et prît part à sa succession ?

Plus tard, lorsqu'avec l'affaiblissement de la puissance paternelle s'introduisit à Rome l'usage des mariages libres, la
femme cessa d'être soumise à la *manus* pour conserver, légale-
ment, le titre de fille à l'égard de ses parents et garder ses dieux
domestiques, sa famille et ses biens. — Comme les époux n'é-
taient plus, respectivement, ni agnats ni cognats, ils étaient
sans qualité pour se succéder l'un à l'autre. Mais la civilisation
avait marché : par des interprétations subtiles et souvent har-
dies de la loi des Douze Tables, les préteurs s'efforçaient de
faire entrer la jurisprudence dans la voie du progrès, et ce
fut alors que prit naissance pour l'époux survivant le droit de
succéder à son conjoint décédé sans postérité. — Le droit
héréditaire de l'époux était reconnu dans son principe. Le
premier pas était fait. La législation ne devait pas s'y arrêter.

Dans la novelle 53, chapitre VI, Justinien décida, sans dis-

---

[1] Fenet, t. XII, p. 38.
[2] Domenget, p. 222, édition de 1847.

tinguer entre le mari et la femme, que l'époux pauvre survivant aurait droit au quart des biens de son conjoint prédécédé si ce dernier était mort riche et si, d'ailleurs, il y avait eu entre eux cohabitation constante.

La novelle 74, chapitre V, étendit cette faveur à la femme qu'un homme aurait prise dans sa maison avec promesse de l'épouser. Dans ce cas, si la femme n'avait pas reçu de dot, elle recevait le quart de la fortune de son mari, soit qu'il la chassât, soit qu'il mourût avant elle.

Enfin, la novelle 117, chapitre V, modifia les deux précédentes « *pour les mieux disposer.* » Si la femme n'avait pas d'enfant de son mari, elle conservait le droit au quart de sa succession, en toute propriété ; s'il y avait des enfants communs et que leur nombre ne fût pas supérieur à trois, elle avait l'usufruit du quart ; si le nombre des enfants excédait celui de trois, elle n'avait que l'usufruit d'une part d'enfant.

Ces dernières dispositions furent adoptées par notre ancienne jurisprudence dans les pays de droit écrit : On les retrouve dans l'authentique *prœterea unde vir et uxor*, à cette différence près que l'époux exclu par Justinien avait un droit de survie aussi bien que l'épouse.

VII.

Dans les parties de l'ancienne France régies par le droit coutumier, l'institution du douaire assurait à l'épouse, en cas de prédécès de son mari, certains avantages, généralement la jouissance d'une partie de ses biens. C'était la dette alimentaire se continuant par delà le décès.

Le douaire pouvait être fixé à l'avance par le contrat de mariage et, dans ce cas, il recevait la dénomination de douaire *préfix* ou *divis*. Mais s'il n'existait pas de contrat, ou si le douaire de l'épouse n'avait pas été réglé, alors la coutume suppléait au silence des parties. C'était le *douaire coutumier*.

Nous n'entreprendrons pas de rappeler ici le texte de toutes les coutumes. Qu'il nous suffise d'en mentionner quelques-unes et de dire que, sauf des différences d'application, toutes reconnaissaient comme principe, le droit de la veuve à une partie des biens de son mari, soit en propriété, soit en usufruit seulement.

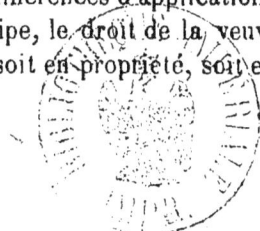

La coutume d'Orléans, titre XII, article CCXVIII, s'exprimait ainsi : « *Quand aucune femme, soit noble, soit non noble,* « *est conjointe par mariage, et par le traité n'y a aucun douaire* « *préfix, ladite femme par la coutume est douée de la moitié de* « *tous les héritages que son mari avait lors de la consommation* « *dudit mariage et de ceux qui lui adviennent de père et de mère,* « *aïeul ou aïeule et autres ascendants, pour d'icelle moitié jouir* « *par ladite femme sa vie durant en acquittant les charges que* « *doivent iceux héritages durant le temps dudit douaire.* »

La coutume de Paris (art. 248), et celle de Troyes (art. 86), contenaient une disposition semblable.

Celle de Normandie (art. 368) n'accordait à la veuve que l'usufruit du tiers des immeubles dont le mari était saisi au jour du mariage et de ceux qui, pendant la durée de l'union conjugale, lui étaient échus en ligne directe.

En Franche-Comté, « *la femme bourgeoise était douée à la* « *tierce partie de sa dot en usufruit.* » (art. 3, titre 2. — Des gens mariés.)

En Bourgogne, « *elle recevait la moitié des héritages anciens* « *dont le mari était mort vêtu et saisi,* » de sorte que, contrairement à ce qui avait lieu dans les autres provinces, il dépendait de l'époux d'anéantir, en aliénant ses biens, le droit éventuel de sa femme.

L'usement de Nantes lui accordait l'usufruit des acquêts et tout le mobilier.

Peu importe, au surplus, la quotité du droit. — Ce que nous voulions établir historiquement, c'est que loin d'autoriser l'oubli qui a été fait du conjoint survivant dans la succession de l'époux prédécédé, la législation romaine et notre ancienne jurisprudence française, reconnaissaient unanimement son droit, du moins en ce qui concerne la veuve.

VIII.

Si, détournant les yeux des exemples du passé, nous jetons un regard sur la législation des peuples de l'Europe moderne, nous voyons que, seule ou presque seule, la France a méconnu le droit dont il s'agit.

En Autriche, le conjoint survivant a la totalité de la succession s'il n'y a pas de parents au degré successible ni d'enfants naturels ou adoptés ; le quart de la succession, y compris les avantages nuptiaux ou les legs qui lui auraient été faits, s'il y a des parents autres que ceux ci-dessus désignés ; l'usufruit d'une part d'enfant, s'il y a trois enfants ou plus, et, s'il y en a moins, l'usufruit du quart de la succession (art. 757 à 759).

En Bavière, lorsque le *de cujus* est mort sans enfants, son conjoint survivant doit rendre aux héritiers du défunt ; 1° tout ce que celui-ci a apporté à la communauté moins le lit matrimonial ; 2° la nue propriété de la moitié des acquêts. S'il y a des enfants du dernier mariage du décédé ou d'une union précédente, sa femme survivante prend ses biens et hardes, sa dot, le don de noces qui lui a été fait par son mari, la contre-dot (ou avantage nuptial égal à la dot), en usufruit, enfin une part d'enfant dans le mobilier et les acquêts.

D'après le Code sarde, l'époux survivant, non séparé de corps, a droit à l'usufruit du quart de la succession de son conjoint décédé sans testament si celui-ci ne laisse pas plus de trois enfants. Autrement, l'usufruit n'est que d'une part d'enfant. L'époux est déchu de ce droit en passant à de secondes noces (art. 959).

Tout en adoptant la majeure partie des dispositions du Code Napoléon, le Code des Deux-Siciles accorde au conjoint privé de fortune, ou qui n'a point de patrimoine conforme à son état, une pension alimentaire égale au quart du revenu des biens s'il n'y a pas d'enfants ou s'ils ne sont pas plus de trois. S'il y a plus de trois enfants, cette pension n'est que l'équivalent du revenu d'une part d'enfant.

Le Code Napoléon a été l'objet de modifications analogues dans le grand-duché de Bade où il est encore en vigueur dans la majeure partie de ses dispositions : l'époux survivant a toujours, s'il n'y a pas d'enfants, l'usufruit des biens de l'époux décédé, à moins de convention contraire (art. 738).

En Suisse, dans le canton de Vaud, l'époux survivant recueille : 1° la moitié de la succession à défaut d'enfants, père, mère, frères ou sœurs, ou descendants de ces derniers ; 2° le quart seulement s'il n'y a pas d'enfant, mais père ou mère, frères ou sœurs même utérins ou consanguins ou descendants de ceux-ci ; 3° l'usufruit des biens dévolus à ses enfants dans la succession de l'époux décédé, sauf, pour l'enfant marié ou devenu majeur, le droit de se faire mettre en posses-

sion de la moitié des biens grevés de cet usufruit (art. 541
à 545).

L'article 631 du Code prussien accorde à l'époux survivant
une réserve légale sur la succession de son conjoint prédécédé.

Le nouveau Code italien, promulgué à Florence le 25 juin
1865, contient, dans ses articles 753 à 757, des dispositions qui
nous paraissent mériter une attention toute particulière et que,
pour ce motif, nous croyons devoir transcrire littéralement :

Article 753. « *Quand le défunt laisse des enfants légitimes,*
« *son conjoint survivant a droit à l'usufruit d'une portion hé-*
« *réditaire égale à celle de chaque enfant, en comptant le con-*
« *joint lui-même au nombre des enfants. Si des enfants naturels*
« *concourent avec les légitimes, l'usufruit du conjoint survi-*
« *vant est d'une portion d'enfant légitime. Cependant, cette*
« *portion, dans aucun cas, ne pourra dépasser le quart de*
« *l'hérédité.* »

Article 754. « *S'il n'y a pas d'enfants légitimes, mais des*
« *ascendants ou des enfants naturels ou des frères ou sœurs ou*
« *descendants d'eux, le tiers de l'hérédité est dévolu en toute*
« *propriété au conjoint survivant. Néanmoins, si ce dernier*
« *concourt en même temps avec des ascendants légitimes et des*
« *enfants naturels, il n'a plus droit qu'au quart de l'hérédité.* »

Article 755. « *Si le défunt n'a laissé que des collatéraux,*
« *le conjoint recueille les deux tiers de l'hérédité ; mais si les*
« *collatéraux sont au delà du sixième degré, le conjoint re-*
« *cueille l'hérédité entière.* »

Article 756. « *Le conjoint survivant en concours avec d'au-*
« *tres héritiers doit imputer sur sa portion héréditaire ce qu'il*
« *a acquis par l'effet des conventions matrimoniales et des*
« *gains dotaux.* »

Article 757. « *Les droits de succession accordés au conjoint*
« *survivant sont refusés à celui contre qui le défunt avait ob-*
« *tenu un jugement de séparation de corps passé en force de*
« *chose jugée.*[1] »

Ne multiplions pas des citations peut-être déjà trop nom-
breuses et cherchons dans notre propre législation si, depuis

---

[1] *Recueil de l'Académie de législation de Toulouse*, année 1865, p. 195
et suiv.

la promulgation du Code Napoléon, le droit du conjoint survivant n'a pas reçu une consécration plus large.

IX.

Plusieurs de nos lois, dont la plus récente date de 1853,
accordent à la veuve du militaire, du marin, du fonctionnaire,
de tout serviteur rétribué de l'État, une pension propor-
tionnée à l'importance et à la durée des services rendus par le
défunt; et la loi du 14 juillet 1866, complétant la législation
antérieure sur la transmission héréditaire des droits d'auteurs[1],
dispose dans son article 1er que « *pendant cinquante ans, a*
« *partir du décès d'un auteur, compositeur ou artiste, son con-*
« *joint survivant a la simple jouissance des droits dont le dé-*
« *funt n'a pas disposé par acte entre-vifs ou par testament; que*
« *si, toutefois, l'auteur laisse des héritiers à réserve, cette jouis-*
« *sance est réduite, au profit de ces héritiers suivant les propor-*
« *tions et distinctions établies par les articles 913 et 915 du*
« *Code Napoléon.* »
Ces lois ne nous offrent-elles pas la protestation la plus
éclatante qui pût être faite contre l'oubli dans lequel le Code
a laissé le conjoint survivant[2]? En effet, de toutes les choses
qui peuvent être l'objet d'une possession, rien, à coup sûr,
ne nous est plus personnel, rien ne nous appartient à un plus
haut degré que notre travail et les productions de l'esprit, et
cependant, telle est l'étroitesse du lien qui unit les époux que
le législateur n'a pu, dans sa pensée, les séparer l'un de
l'autre, et n'a pas craint, en agissant ainsi, de s'écarter de la
voie suivie par le Code Napoléon. Il a compris que, pour être
fécond, le travail ne doit pas être égoïste, et que, lorsqu'ils
consacrent à l'étude, à l'art, au service du pays, leur temps,
leur santé, leur vie, quelquefois..., le savant, le poëte, le
peintre ou le serviteur de l'État n'ont pas seulement en vue
leur propre intérêt; qu'ils songent aussi à l'avenir de ceux

[1] La législation antérieure se compose des lois des 13 janvier 1791,
19 juillet 1793, 10 septembre 1793, du décret du 5 février 1810, des lois
du 3 août 1844 et du 8 avril 1854.
[2] Voir à cet égard les travaux préparatoires des lois du 9 juin 1853 et du
14 juillet 1866, et notamment le rapport fait au Corps législatif par M. Perras
au nom de la commission chargée d'examiner le projet de loi relatif aux
droits des héritiers et ayants cause des auteurs.

qui leur sont chers, et que, parmi ces derniers, l'époux ou l'épouse qui, par ses soins et son assistance morale, leur aplanit les voies du travail, est nécessairement l'objet de leur plus vive sollicitude[1].

Gardons-nous, du reste, d'accuser notre Code d'imprévoyance ou de dureté.... La lacune que nous regrettons n'existe que dans le texte ; elle n'était pas dans la pensée des rédacteurs de la loi, ainsi que nous avons eu déjà l'occasion de l'indiquer : lors de la discussion au conseil d'État, Maleville fut frappé du silence du projet relativement au conjoint survivant et « *fit observer qu'on avait omis d'y insérer une disposition* « *reçue par la jurisprudence et qui lui donnait une pension* « *lorsqu'il était pauvre et qu'il ne recueillait pas la succes-* « *sion.* » Treilhard répondit que « *dans l'article 55 du projet on* « *lui accordait l'usufruit du tiers des biens.* » Cette disposition n'existait pas. Treilhard avait commis une erreur, mais on se contenta de sa réponse sans en vérifier l'exactitude et, du projet, l'omission passa dans la loi [2].

Il serait presque superflu d'ajouter qu'elle a soulevé les plus vives critiques de la part de tous ou de presque tous les jurisconsultes [3].

X.

En 1850, l'Assemblée législative fut saisie par huit de ses membres d'un projet de réforme. MM. Durieu, Bac, Bourzat, Chouvy, Ceyras, Sage, Dain et Auguste Clément proposèrent de fixer les droits du conjoint indigent dans la succession de l'époux prédécédé à l'usufruit d'un quart, lorsqu'il n'existerait pas plus de trois enfants ; à celui d'une part d'enfant, lorsqu'il y en aurait un plus grand nombre ; à un quart en pleine propriété, lorsqu'il n'y aurait pas d'enfants.

Ce projet ne devait pas réparer le mal, pas plus que les ob-

---

[1] La loi sur les pensions est muette relativement au mari survivant, par cette raison sans doute que les femmes sont rarement pourvues de fonctions publiques. Il en est autrement, ainsi qu'on l'a vu, de la loi du 14 juillet 1866. Le mari et la femme y sont placés sur la même ligne.

[2] Fenet, t. XII, p. 38.

[3] Voir notamment M. Batbie, *Revue critique de législation et de jurisprudence*, t. XXVIII, 2ᵉ livraison, p. 145, et M. Rodière, *Recueil de l'Académie de législation de Toulouse*, année 1856, p. 138 et suiv.

servations du conseiller d'État Maleville n'avaient pu le prévenir. La commission chargée de l'examiner repoussa, le
système d'un droit héréditaire et se borna à proposer de reconnaître au conjoint survivant non remarié un droit alimentaire sur la succession de l'époux prédécédé; mais le projet
ainsi modifié resta sans effet et tomba dans l'oubli.

Espérons, toutefois, que nous verrons se réaliser, non-seulement à l'égard de la femme, mais encore en faveur du mari,
le vœu qu'exprimait M. Paul Sauzet lorsque, après avoir ap-
plaudi à l'abolition de la mort civile, il ajoutait ces paroles :
« *Avant peu, si je ne me trompe, l'hypothèque occulte de la*
« *femme aura disparu,* ET SON DOUAIRE SERA RÉTABLI. ON ASSU-
« RERA LES DROITS DE SON VEUVAGE ET LA DIGNITÉ DE SA VIE. »

XI.

Nous croyons avoir démontré le droit de l'époux survivant
sur la succession de son conjoint prédécédé.

Sous quelles conditions et dans quelles limites ce droit
devrait-il s'exercer? Telles sont les questions qui nous restent
à traiter.

Et d'abord, conviendrait-il d'accorder au mari sur les biens
de sa femme les mêmes avantages qu'à celle-ci sur la succession de son époux? Si la femme est faible, impuissante, le plus
souvent, à se procurer par le travail les ressources dont elle a
besoin, l'homme est fort,... fort pour lui-même et pour autrui,
puisque la nature l'a fait le protecteur et le soutien de sa compagne et de ses enfants,... que c'est à lui qu'il appartient de
les nourrir et de les défendre, et que sa fierté même répugne
à ce que les rôles soient intervertis entre eux. C'était là la
pensée dominante qui avait présidé à l'institution du douaire,
lequel n'existait qu'au profit de la veuve, « *parce que*, dit
« Lebrun, *la nature a donné à l'homme plus de force pour ga-*
« *gner sa vie.* » Tout en reconnaissant que, dans la majeure
partie des cas, l'épouse mérite, à ce point de vue, plus d'intérêt que l'époux, nous ne pensons pas qu'il fût opportun de
créer au profit de l'un un droit dont l'autre serait privé, et
c'est avec raison, selon nous, que la novelle 53 de Justinien,
ainsi que l'a fait depuis la jurisprudence des pays de droit
écrit, leur attribuait les mêmes avantages : l'homme n'est-il

pas, en effet, aussi bien que la femme, sujet à la maladie et ne doit-il pas, en tout cas, subir, comme elle, les défaillances et les infirmités de la vieillesse? Qu'importe, d'ailleurs, dans la question qui nous occupe, la différence de force qui peut résulter de la différence des sexes ? Il s'agit ici d'un testament fondé sur les préférences présumées du *de cujus ;* or, si les époux se devaient mutuellement une affection égale, ils ont un droit égal à l'hérédité l'un de l'autre... La loi s'occupe-t-elle du sexe des enfants pour répartir entre eux la succession de leur père ?

Nous n'hésitons donc pas à penser que le droit de survie devrait être réciproque entre époux. Toutefois, il est un cas où la règle pourrait recevoir exception, et que nous devons examiner : nous voulons parler de la séparation de corps. La novelle 53, chapitre VI, exigeait, pour que le survivant des époux obtînt une portion de la succession, *qu'il y eût eu entre eux une cohabitation constante.* Plusieurs coutumes contenaient une disposition semblable que nous trouvons reproduite dans la majeure partie des législations modernes et dans les lois relatives aux pensions et à la transmission des droits d'auteurs.

La loi du 11 avril 1831 dispose dans son article 20 « *qu'en* « *cas de séparation de corps, la veuve d'un militaire ne peut* « *prétendre à aucune pension.* » La loi du 9 juin 1853 sur les pensions civiles reproduit la même exclusion en la réduisant au cas où les causes de la séparation proviennent de la femme : « *Le droit à pension n'existe pas pour la veuve dans* « *le cas de séparation de corps prononcée sur la demande du* « *mari.* » (Article 13, dernier paragraphe.)

Enfin, la loi du 14 juillet 1866, porte que le « *droit de jouis-* « *sance accordé au conjoint survivant sur les œuvres du con-* « *joint défunt n'a pas lieu lorsqu'il existe, au moment du* « *décès, une séparation de corps prononcée contre ce con-* « *joint.* »

Quoi de plus juste, en effet, que celui qui s'est rendu coupable envers son époux d'infidélités, de sévices ou d'outrages ne profite pas de sa fortune? Qui ne serait révolté de voir la femme adultère venir réclamer une part des biens de l'homme dont elle a détruit le bonheur et peut-être abrégé la vie par les chagrins qu'elle lui a causés ? ..... N'est-ce pas assez que lui faisant subir la peine de fautes dont elle seule était coupable, elle l'ait privé des joies du mariage, qu'elle lui ait rendu odieux, même le titre de père, et qu'enfin, dégagée de tout frein par le fait de la séparation, elle ait pu souiller encore dans de nouvelles débauches un nom dont elle s'était rendue indigne et qu'elle n'avait déjà que trop flétri.....

Dans ce cas que nous ne prenons qu'à titre d'exemple, comme l'un des plus saisissants, de même que dans tous autres où la séparation de corps est prononcée, l'époux coupable nous paraîtrait devoir être privé de tout droit de survie dans la succession de son conjoint, à moins que depuis le jugement une réconciliation n'eût eu lieu.

Ici se présente la question de savoir si l'exclusion serait réciproque. Ainsi que nous l'avons vu, la loi du 14 juillet ne l'inflige qu'à l'époux contre qui la décision judiciaire a été prise ; et c'est avec raison, il faut le reconnaître, car s'il est juste de punir l'indignité du coupable, il serait inique de frapper de la même déchéance celui qui n'a été qu'offensé. Si la succession *ab intestat* a pour base les affections présumées du *de cujus*, on ne peut supposer que l'époux qui s'est vu réduit à recourir à l'intervention des tribunaux pour mettre un terme à une communauté d'existence que la conduite de son conjoint lui rendait odieuse, ait pu conserver, à l'égard de celui-ci, les sentiments de préférence sur lesquels est fondé le titre légal de l'héritier. Mais il en est autrement en ce qui concerne le conjoint à l'encontre duquel la séparation a été prononcée : coupable, il doit se repentir, revenir au bien, et ne conserver en son cœur ni haine ni rancune, mais seulement le remords de ses fautes et le désir de les réparer.

Sans doute il n'en est pas toujours ainsi dans la réalité des faits, car telle est l'injustice de notre nature que souvent nous haïssons nos ennemis, moins à cause des torts dont nous pouvons les accuser, qu'à raison du mal que nous leur avons fait nous-mêmes. Aussi, n'avons-nous entendu parler que de la règle à poser en prenant pour base ce qui nous semble équitable. Chacun resterait libre de s'y conformer ou d'y déroger, au moyen de donations entre-vifs ou testamentaires ; car, disons-le dès maintenant, sauf à y revenir plus tard, le droit de survie du conjoint ne saurait être, dans notre pensée, l'objet d'une réserve légale.

XII.

Ici se présente la question de savoir s'il devrait être maintenu à l'époux survivant dans le cas d'une nouvelle union par lui contractée. Pour la résoudre, il suffit de faire appel aux sentiments instinctifs du cœur humain, source du droit héréditaire.....

Si nous recherchons ce qui se passe en nous quand, sur le point de quitter la vie, nous partageons nos biens entre ceux qui nous sont chers, nous trouverons aisément la solution du problème : Une des dernières consolations du mourant est de penser que sa mémoire restera gravée dans le souvenir des êtres qu'il chérit, et, qu'absent pour toujours, il conservera dans leur cœur la place qu'il y avait pendant sa vie,... et pourquoi ne pas avouer cette dernière faiblesse de notre nature égoïste, c'est à cette pensée, peut-être, qu'il faut rapporter la plupart des libéralités testamentaires.... Quelquefois, sans doute, nous payons une dette de reconnaissance ou d'amitié, mais, le plus souvent, nous voulons nous assurer par avance le respect et les regrets dont nos parents ou nos amis entoureront notre tombeau, et, dans notre for intérieur, ce tribut de respect et de regrets est, en quelque sorte, la condition tacite des avantages que nous leur faisons.

Ne doit-on pas conclure de là que, sauf de rares exceptions, le testateur (homme ou femme), qui dispose en faveur de son conjoint, s'abstiendrait de le faire s'il supposait que ce dernier dût se consoler du veuvage par une autre union ? Ses libéralités n'auraient-elles pas, en effet, un résultat diamétralement contraire à celui qu'il espère, puisqu'au lieu d'empêcher, elles ne feraient que faciliter le mariage ?

Ce raisonnement que nous appliquons au *testament présumé* du défunt, mort *intestat*, n'est pas le seul que nous puissions invoquer à l'appui de notre opinion. Nous venons de considérer le conjoint disposant de ses biens, *soit expressément, soit tacitement*, sous la seule influence des sentiments de générosité que lui inspirent ceux qu'il gratifie de ses bienfaits.

Envisageons maintenant le droit héréditaire du conjoint, non plus comme un acte de libéralité, mais comme le payement d'une dette, comme la continuation par delà le décès de l'obligation qu'ont les époux de se fournir des aliments. Dans ce cas encore, la solution serait la même : l'époux qui se remarie brise le dernier lien qui le rattachait au *de cujus ;* il répudie sa mémoire, il rompt avec son passé. En se créant une position nouvelle, en se donnant une nouvelle assistance, il met lui-même un terme à celle dont le défunt le couvrait encore.

C'est par ces motifs qu'à l'exemple de plusieurs des législations modernes que nous avons indiquées, la loi du 14 juillet 1866 fait cesser le droit de survie qu'elle accorde au conjoint veuf d'un auteur, compositeur ou artiste, *« au cas où ce conjoint contracte un nouveau mariage. »*

C'est encore par les mêmes raisons, croyons-nous, que la commission chargée de l'examen du projet de loi présenté au Corps législatif en 1850, avait proposé de déclarer déchu du droit alimentaire qu'elle lui reconnaissait, le conjoint survivant qui viendrait à se remarier.

Pour compléter cette partie de notre travail, nous nous bornons à transcrire ici, sans les commenter, ces paroles par lesquelles M. Victor Lefranc, rapporteur du projet modifié, indiquait le but de cette déchéance : « *Le maintien du droit « aux aliments malgré le convol serait,* disait-il, *une provo- « cation fâcheuse aux secondes noces* [1]. »

XIII.

Nous venons d'indiquer les deux exceptions qui, selon nous, devraient être faites à la règle.

Conviendrait-il d'en créer une troisième en excluant de la succession, ainsi que l'avait fait Justinien, le conjoint qui ne serait pas indigent? Nous ne le pensons pas, et notre opinion n'est que la conséquence directe du principe que nous avons posé : en effet, si, comme nous croyons l'avoir établi, le conjoint est un héritier, son droit ne saurait être subordonné à la quotité de ses ressources personnelles. Entre deux enfants, l'un riche, l'autre pauvre, la loi fait-elle donc une différence? Non : leur titre est égal, leur part l'est aussi. Ainsi devrait-il en être à l'égard du conjoint.

[1] *Revue Volowski*, année 1853.

Il est, d'ailleurs, de l'essence des lois d'être générales et de
laisser le moins de place possible à l'intervention des tribunaux. Or, qui n'entrevoit les procès nombreux qu'engendre-
rait la constatation de l'indigence, état éminemment relatif,
qui dépend d'une foule de circonstances,... de notre éducation,
de nos besoins, de nos habitudes.

Ajoutons qu'on n'assiste que trop souvent devant nos tribunaux au triste spectacle d'enfants qui refusent ou marchandent
à leur père, à leur mère, le pain que réclament ces derniers,
et qu'il nous semblerait inopportun d'étendre le nombre des
cas où peuvent se produire ces manifestations désolantes de
l'ingratitude ou de l'égoïsme.

S'il était nécessaire d'invoquer des autorités à l'appui de
notre opinion, nous dirions que le droit coutumier ne distin-
guait pas, pour l'attribution du douaire, entre la veuve riche
et la veuve pauvre,... que la loi sur les pensions civiles et mi-
litaires n'établit, non plus, aucune différence entre elles; qu'il
en est de même, enfin, de la loi du 14 juillet 1866 et de plusieurs des législations modernes qui accordent au conjoint
opulent les mêmes avantages qu'à celui qui n'a pas de fortune.

XIV.

Après avoir examiné à quelles conditions il conviendrait de
subordonner l'exercice du droit de survie du conjoint, il
nous reste à rechercher en quoi ce droit devrait consister, et
quelles en seraient les limites suivant les diverses hypothèses
qui peuvent se présenter.

Nous excluons, d'abord, la supposition que le droit dont il
s'agit pût être restreint à une pension alimentaire : les raisons
que nous avons exposées dans les pages qui précèdent nous
dispensent de plus longs développements à cet égard.

Nous excluons, également, la pensée d'une attribution en
pleine propriété, et notre motif est la volonté supposée du *de
cujus;* s'il est naturel, en effet, que l'on songe en mourant à
assurer l'avenir de son conjoint, il est anormal que l'on veuille
enrichir les parents de ce dernier, au préjudice de ceux que
l'on a soi-même; ou, pour nous exprimer autrement, si nous
aimons notre conjoint autant et plus que certains héritiers de
notre sang, nous préférons ceux-ci à la famille de notre époux.

C'est assez dire que, suivant notre opinion, le droit de survie du conjoint ne devrait consister qu'en un usufruit, ce qui concilierait tous les intérêts.

XV.

En réglant les droits du conjoint survivant, plusieurs législations étrangères, notamment celle de la Prusse, lui accordent une réserve. Conviendrait-il d'introduire dans notre Code une disposition semblable? La négative ne paraît pas douteuse : ce serait encourager les spéculations qui, trop souvent déjà, sont le mobile et le but des mariages. Ce serait assurer indistinctement à tous les époux qui survivraient à leur conjoint un avantage qui ne doit être que la récompense du devoir accompli; ce serait, dans un certain nombre de cas, violenter, en quelque sorte, la volonté du prémourant, et faire dériver, enfin, d'un contrat une dette à laquelle les liens les plus étroits de consanguinité peuvent seuls donner naissance.

Sans doute, dans notre système, nous admettons comme *règle que le droit de survie sera mérité et que le prémourant aura voulu l'accorder*. Nous l'admettons, parce que l'accomplissement des devoirs qu'impose le mariage est commandé par la loi civile et religieuse, et que l'inobservation de la loi ne doit être supposée qu'à titre d'exception; toutefois il nous semblerait inopportun de ne pas laisser à chacun la faculté d'apprécier si son conjoint est ou non digne de ses libéralités, et de lui retirer ou de réduire, s'il le juge à propos, au moyen de dispositions entre-vifs ou testamentaires, l'avantage que la loi lui eût conféré.

XVI.

Nous n'avons plus, pour terminer cette étude, qu'à rechercher dans quelles limites devrait se renfermer le droit d'usufruit du conjoint survivant suivant le nombre ou la qualité des héritiers en présence desquels il se trouverait placé. Ici les déductions de principes sont impuissantes à fournir une solution que nous chercherions, d'ailleurs, vainement dans les législations anciennes ou modernes ; car, si toutes sont unanimes à reconnaître au conjoint un droit héréditaire, elles varient à l'infini quant à la nature et à l'étendue de ce droit. On ne peut donc qu'émettre des appréciations personnelles en se fondant sur ce qui semble le plus équitable et en même temps le plus conforme à l'intérêt des familles et à la volonté présumée du *de cujus*.

Lorsque le défunt laisse après lui des enfants ou descendants d'eux, qu'ils soient ou non issus du même mariage, il nous semblerait juste de fixer l'usufruit du conjoint survivant à un quart des biens, dans le cas où il n'y aurait pas plus de trois enfants existants ou représentés, et à une part d'enfant seulement, dans le cas où ils seraient en plus grand nombre.

C'était la mesure adoptée par la novelle 117, à cette différence près que nous n'attribuons pas au conjoint un avantage plus considérable lorsqu'il est en concours avec les enfants d'un lit précédent que lorsqu'il est en présence de ses propres enfants. Notre motif est que le titre de l'héritier a pour base l'affection supposée du *de cujus* et qu'on répugne à penser que le fruit d'une dernière union puisse être l'objet de plus de préférence que celui de mariages antérieurs.

Quand le *de cujus* meurt sans postérité, l'émolument du conjoint survivant nous paraîtrait devoir être plus étendu : son droit augmente à mesure que le titre des héritiers du sang diminue. Il serait alors, à notre avis, équitable de lui attribuer une moitié des biens en usufruit, lorsqu'il se trouve en présence des père et mère du défunt, de ses frères ou sœurs ou descendants d'eux ; les trois quarts, lorsque les héritiers appelés par la loi sont des ascendans autres que le père ou la mère, et, enfin, l'usufruit de tout, lorsque le défunt n'a laissé, pour lui succéder, que des collatéraux ordinaires.

Nous appliquons le même système au cas où le *de cujus* aurait un ou plusieurs enfants naturels vivants ou représentés : la part héréditaire de ces derniers subirait l'usufruit du conjoint dans la proportion de leur émolument, tel qu'il est fixé par l'article 757 du Code Napoléon.

Que si le *de cujus* n'avait pas d'héritiers légitimes au degré successible et ne laissait que son conjoint et un ou plusieurs enfants naturels, il serait convenable, ce nous semble, d'attribuer à chacun des ayants droit, une portion égale de l'hérédité, en restreignant celle du conjoint à un usufruit.

Enfin, si le *de cujus* est, lui-même, enfant naturel et s'il est décédé sans postérité, nous pensons que dans les hypothèses prévues par les articles 765 et 766 du Code Napoléon, il y aurait lieu de donner indistinctement au conjoint survivant l'usufruit de toute la succession, en maintenant, toutefois, aux père et mère naturels, le droit de retour réservé aux ascendants donateurs par l'article 747 du Code Napoléon.

XVII.

Pour résumer l'ensemble de ce travail, il conviendrait, selon nous, de modifier la loi dans ce sens :

1° Qu'un droit d'usufruit plus ou moins considérable suivant les distinctions qui viennent d'être établies, serait attribué au conjoint survivant sur la succession de l'époux prédécédé, à moins que ce dernier n'en eût autrement disposé ;

2° Que sur ce droit seraient imputées toutes libéralités faites au survivant par le *de cujus ;*

3° Que le conjoint contre qui une séparation de corps, non suivie de réconciliation, aurait été prononcée à la requête du prémourant serait déchu du droit en question ;

4° Que ce même droit prendrait fin par le convol du bénéficiaire.

Paris. — Imprimé par E. THUNOT et C°, 26, rue Racine.

www.ingramcontent.com/pod-product-compliance
Lightning Source LLC
Chambersburg PA
CBHW070736210326
41520CB00016B/4481